Psicologia para iniciantes

Aprendizagem da Inteligência Emocional, PNL e Pensamento Positivo
Fortalecer a própria consciência
Deixar ir, parar de ponderar e livrar-se dos pensamentos negativos
Livro

Psicologia geral: **Volume 3**

índice de conteúdo

Psicologia para iniciantes - com PNL e outras possibilidades para se livrar de pensamentos negativos

Há sempres situações em que os pensamentos negativos assombram tudo e não há espaço para coisas positivas. Você encontrará tais situações várias vezes ao dia. Há, por exemplo, o colega do outro departamento. Eles passam por ti sem dizer "Bom dia!" O que se passa contigo? O que é que esta pessoa pensa de ti? Tenho a certeza de que se pergunta se fez algo de errado, se é culpa sua o fato de seu colega não gostar de você .

Mas fica muito pior. Porque os seus pensamentos negativos também afetam o seu trabalho e inibem a sua ação e reação. Eles têm sempre os mesmos pensamentos em mente e não têm possibilidade de se concentrar nas coisas e tarefas importantes. Isto acontece não só no seu trabalho, mas também na sua vida privada. Se conhece muito bem esta situação, tende para a chamada ruminação.

O termo é usado na psicologia para descrever a constante repetição de uma determinada questão. Com esta pergunta sendo sempre a mesma, você não terá uma resposta conclusiva. Da mesma forma, isto também pode ser descrito como um carrossel de pensamentos. Dão meia volta e não saem do carrossel. Na verdade, não importa como se chama esta situação. As perspectivas não são muito positivas.

A longo prazo, este padrão de pensamento tem consequências graves. Especialmente aqueles que tendem a este tipo de humor depressivo têm por muito tempo alguns dos pensamentos negativos e o estado indesejável associado. As emoções são muito difíceis de expressar do que realmente se deseja. Por exemplo, os pesquisadores descobriram que as mulheres tendem a chocar muito mais frequentemente do que os homens.

Mas porque é que o pensamento carrossel gira constantemente em torno deste pensamento em particular?

Há algumas pessoas que tendem mais do que outras a perder-se em pensamentos circulares. Os investigadores descobriram alguns traços de personalidade.

Estes estão presentes em pessoas que repetidamente caem neste padrão de pensamento. Isso inclui:

➡ perfeccionistas
➡ personalidades com disposição neurótica
➡ pessoas que se concentram excessivamente nas relações com outras pessoas

Tais personalidades muitas vezes têm de olhar para o outro lado no trabalho porque este padrão de pensamento é contraproducente. Enquanto uma forma de pensar orientada para o problema está fixada em fatos concretos e há um foco em soluções, isto é claramente diferente com o carrossel do pensamento.

Aqueles que estão presos em seu ciclo de pensamento tendem a ser excessivamente autocríticos e são incapazes de avaliar positivamente a si mesmos e suas habilidades. Mas há mais.

Qualquer pessoa que esteja constantemente presa em padrões de pensamento negativos tem significativamente mais estresse. Não são estas situações estressantes diárias, mas sim o estresse permanente que causa doenças a longo prazo. Portanto, o pensamento carrossel não deve ser visto apenas como um mau hábito.

Para as pessoas que são propensas a pensamentos negativos, este hábito pode levar ao esgotamento. Os efeitos negativos são mesmo mensuráveis. Para as pessoas que pensam mais estão claramente a derramar mais cortisol do que aquelas que pensam menos. E o cortisol é uma hormonio que te deixa doente.

Os pensamentos negativos sobrecarregam o corpo, a mente e a alma

Todos os dias as pessoas pensam entre 60.000 e 80.000 pensamentos através das suas cabeças. Desses muitos pensamentos, uma grande parte é negativa, mesmo que você não esteja ciente disso. E conseguem fazer-te sentir mal. Quando você pensa sobre isso, não são os eventos e situações em seu ambiente que causam tristeza, raiva, ansiedade ou nervosismo que são fundamentalmente importantes, mas sua maneira de pensar e avaliar que levará a este evento em particular.

Os pensamentos têm imenso poder. Se forem negativos, representam um grande fardo. Uma mesma situação inicial pode ser interpretada de formas muito diferentes. Não é a situação inicial, mas a sua avaliação que evoca certos sentimentos.

Um pequeno exemplo: Um amigo cancela a consulta com você. Agora podes pensar que o teu amigo cancelou porque não está muito interessado em ti.

Com este pensamento sentes-te só e triste. Mas se você acha que seu amigo não tem tempo, porque ele pode ter esquecido um compromisso importante e está triste por ter que cancelá-lo, você não precisa se sentir triste. Podes esperar ansiosamente pelo teu próximo encontro.

Citação: *"Não são as coisas que nos causam problemas, mas a forma como as percebemos."*

Seus pensamentos têm uma grande influência sobre como você se sente. Pensamentos defeituosos e estressantes até mesmo levam a transtornos de ansiedade e depressão. Estes incluem, por exemplo

- ➡ Devem os pensamentos ou as exigências absolutas, tais como você deve, os outros devem
- ➡ avaliação negativa e abrangente de si próprio e avaliação externa (não valho nada)
- ➡ Pensamento catastrófico (seria absolutamente terrível se...)
- ➡ baixa tolerância à frustração (não suporto quando...)

Pessimistas e sua forma negativa de pensar

Os pessimistas tendem a pensar negativamente porque esperam o pior ou pelo menos um resultado negativo. Eles só vêem preto ou branco, mas os muitos tons entre eles, eles não vêem. Para si, a questão não se coloca se o copo está meio vazio ou meio cheio. Para eles, o copo está sempre meio vazio! As pessoas com uma atitude pessimista vêem tudo apenas negativamente. Para ti, é algum tipo de proteção.

Para aqueles que esperam o pior, muitas vezes estão um pouco mais bem preparados para um resultado negativo e não podem ficar desapontados ou feridos. A mentalidade daqueles que vêem tudo preto e têm pensamentos negativos tem raízes profundas e grandes perigos. Porque não é apenas este carrossel negativo de pensamentos que sempre ocorre, mas o medo do futuro que impede essas pessoas de olhar para além dos seus próprios horizontes. Mas a regra básica é:

"Você é significativamente mais corajosa do que pensa; é significativamente mais forte do que parece; é significativamente mais inteligente e mais valiosa do que pensa. É a tua maneira de pensar que te limita!"

Pessimismo e Otimismo - Uma Viagem à Psicologia

Quando o pessimismo é considerado de um ponto de vista psicológico, não é inicialmente nada mais do que uma atitude de vida ou mente em que não há esperança nem expectativas positivas. Um pessimista assume que tudo o que ele faz, suas ações e reações, terá um resultado negativo. Na vida profissional, este modo de pensar faz com que o pessimista assuma que uma tarefa não pode ser realizada ou que o resultado é inadequado.

Quais são as razões para esta atitude negativa e os maus pensamentos associados? Uma atitude pessimista é geralmente baseada em duas causas:

1. proteção contra decepções: Muitas pessoas com uma mentalidade negativa e atitude pessimista dizem por si mesmas que essa atitude é para sua própria proteção.

Já teve em conta o fracasso. Os otimistas, por outro lado, ficam desapontados e frustrados se suas expectativas não forem atendidas.

2. o resultado de experiências negativas: A origem do pessimismo é muitas vezes baseada em experiências negativas feitas ao longo da vida. São generalizadas e projetadas em todas as áreas, sejam elas privadas ou profissionais.

Outra explicação é a seguinte: Há uma abordagem explicativa pessoal, que não se concentra nas experiências negativas propriamente ditas, mas na respectiva forma de lidar com elas.

Assim, a origem do pessimismo não é procurada nas experiências negativas e na sua intensidade ou frequência. Lidar com essas experiências é o fator mais importante para uma maneira pessimista de pensar.

➡ Os pessimistas culpam-se pelos seus fracassos e culpam as influências externas pelos seus sucessos.

➡ Os otimistas vêem a razão de seu sucesso em sua própria pessoa e os fracassos são atribuídos a influências externas.

O que é notável, porém, é que o pessimismo é classificado como mais inteligente do que o otimismo. O lema é: "Os pessimistas estão certos e os otimistas divertem-se!"

O otimista é muitas vezes dito ser ingênuo e olhar o mundo através de óculos cor-de-rosa. O pessimista, por outro lado, é classificado como um crítico realista e inteligente, porque espera todos os medos imponderáveis concebíveis. Ele é o pensador negativo, o cético, enquanto o otimista não desiste da esperança e da fé. Mas os medos, o ceticismo e as dúvidas não são outra coisa senão especulação selvagem. Isto é muitas vezes ignorado. Da mesma forma, não se vê que os pensamentos negativos abrandem a longo prazo, assim como sobrecarregam o corpo, a mente e a alma.

Grande desconfiança, medos, amargura e desânimo surgem, o que pode até acabar em depressão. Estudos têm mesmo mostrado que o sistema imunitário é enfraquecido por pensamentos negativos. Assim, os pessimistas contraem doenças infecciosas muito mais frequentemente do que os otimistas.

O Problema da Profecia Auto-Cumprida

Em termos de pessimismo, isto significa nada mais do que isso, que as pessoas que pensam negativamente vão em busca do que poderia dar errado. Através do foco e da postura resultante, o aspecto negativo também ocorre. Se as coisas negativas não ocorrerem, elas são descartadas como exceções que não confirmam a regra.

Há muitos exemplos deste fenômeno. Por exemplo, situações de exame em que as pessoas são fervorosamente persuadidas de que o referido exame não será aprovado. Estes pensamentos negativos aumentam a probabilidade de o sujeito falhar. Isto influencia o subconsciente, que leva a que a profecia realmente aconteça.

Consequentemente, os pessimistas têm quase sempre a atitude de que já não ficam surpreendidos quando o pior chega, porque já previram o resultado e foram preparados em conformidade.

Pensamentos negativos e sua origem

Aqueles que não querem mais ser influenciados por pensamentos negativos têm que dizer adeus aos velhos padrões de pensamento e atitudes. Isto tem sucesso com uma reestruturação cognitiva. É uma questão de sujeitar a própria atitude a um exame detalhado. Pensamentos errados e maus podem ser desmascarados e trocados por pensamentos úteis e de apoio. Isso funciona,

➡ mostrando conscientemente a si mesmo os pensamentos negativos ("nunca ter sucesso em nada").

➡ Verifique se o pensamento te ajuda e é bom para ti. ("Sinto-me terrível, inútil e como um falhado e só quero me esconder.")

➡ Questione sua maneira de pensar perguntando a si mesmo se este é realmente o caso e se você pode provar isso. ("Passei no exame de mestre, mas no final dominei muito bem o exame do viajante.")

➡ ("No outro dia, cometi um grande erro. Mas os números e as vendas do último mês foram realmente impressionantes.")

➡ Procure pensamentos alternativos. A medalha tem sempre dois lados. É por isso que deveria ver se não consegues olhar a situação de forma diferente. Há sempre um ponto de vista diferente, assim como há sempre o ponto de vista de outra pessoa sobre a situação. ("Na minha vida, consegui muito e muita coisa correu mal. Se consigo dominar o novo desafio, não sei de antemão. Só posso descobrir se aceito o desafio. Em qualquer caso, posso aprender algo com ele.")

➡ Use uma maneira diferente de pensar na sua vida cotidiana. Serás capaz de eliminar pensamentos negativos. Eles vêem situações estressantes e novos desafios em uma luz completamente diferente, o que coloca o pensamento catastrófico em perspectiva.

Dessa forma, você se torna o mestre de sua auto-dúvida e consegue enfrentar o crítico interior.

Sua força recém-descoberta lhe dá alegria de viver e aumenta a autoconfiança. Você mesmo notou o quão paralisantes os pensamentos negativos podem ser. Mas eles não só carregam e matam toda a alegria da vida, mas também criam uma visão que ultrapassa a realidade. É por isso que há sempre a recomendação de trocar pensamentos negativos por pensamentos positivos.

Teoricamente, isso parece uma ideia brilhante. Infelizmente, isso não funciona tão facilmente na prática, uma vez que o pensamento negativo não pode ser simplesmente transformado em uma forma positiva de pensar. Não há nenhuma fada que espalha pó de brilho com sua varinha mágica e de repente tudo é diferente. Uma forma de pensar má e desagradável não pode ser desligada com o apertar de um botão.

De onde vêm os pensamentos negativos?

Talvez você já tenha pensado em como a vida poderia ser bela se o carrossel dos pensamentos parasse repentinamente e os pensamentos perturbadores de repente não existissem mais. Por mais paradoxal que isso possa soar em seus ouvidos, pensamentos negativos também têm um lado positivo!

➡ são um aviso de possíveis perigos.
➡ auxilia a avaliar melhor os riscos.
➡ para lhe permitir preparar-se melhor para certas situações.
➡ ajuda a encontrar-se com si mesmo e ao mundo com mais realismo.

Mesmo que uma forma negativa de pensar seja muito estressante e você tenha a sensação de que não pode fazer nada a respeito, eles ainda têm um alto valor. Se esses sinais de alerta não existissem, você não reconheceria os riscos, não daria aos perigos a prioridade necessária, não abordaria os desafios com cautela e enfrentaria o infortúnio com olhos azuis.

O próprio mundo do pensamento e da forma de pensar é influenciado, em certa medida, pelo ambiente e pela educação. A manipulação é realizada por

➡ Sua infância e pais
➡ Amigos e conhecidos no seu ambiente
➡ o parceiro de vida
➡ Experiências que você ganhou na escola
➡ Canais de televisão, Internet e redes sociais

Se, por exemplo, você sempre ouviu de seus pais e professores que você é estúpido e não pode fazer nada, você é obrigado a ter grandes dúvidas e não ter confiança em si mesmo. Se você já experimentou a rejeição de outras crianças quando pequeno, você pode acreditar que não vai gostar de você. Como já mencionado, as pessoas são moldadas por experiências de vida. Mesmo aqueles que quase sempre tiveram apenas boas experiências conhecem preocupações, dúvidas sobre si mesmos e uma forma negativa de pensar.

Todo ser humano tem pensamentos negativos e esta forma de pensar é baseada na evolução humana. No passado, há muitos milhares de anos, a vida era muito mais perigosa do que é hoje. Embora hoje uma entrega sem pontualidade da Amazônia assuma proporções dramáticas, naquela época se tratava de sobrevivência nua e crua, já que os perigos reais espreitavam por toda parte.

➡ fome
➡ frio gélido
➡ animais perigosos
➡ uma tribo inimiga
➡ doenças

Se os nossos antepassados tivessem atravessado a vida descuidadamente e sem pensar, nenhum deles teria sobrevivido. Uma forma demasiada e otimista de pensar era a sentença de morte. Imagine que o estalar de galhos durante a caça não era percebido como um perigo, mas foi classificado como inofensivo. Muito arriscado! Porque pode muito bem ser um guerreiro inimigo ou um predador perigoso. Preocupante, começar do pior e ter cuidado compensou os nossos antepassados.

Ao longo de muitos anos, a forma negativa de pensar mudou de geração em geração. É por isso que as pessoas hoje em dia se preocupam tanto, têm grande auto-dúvida e medo de coisas que não representam qualquer perigo real. Embora o pensamento negativo esteja profundamente enraizado, isso não significa que você não tenha potencial para lidar melhor com pensamentos negativos.

Esteja ciente, no entanto, de que os pensamentos negativos nunca podem ser completamente eliminados, mesmo que isso seja muitas vezes prometido por vários conselheiros. Não podes controlar todos os teus pensamentos. Muita coisa acontece na tua cabeça todos os dias para isso. Muitas vezes são os impulsos inconscientes do pensamento que simplesmente borbulham para fora. Isto significa que possui pouca influência nos teus pensamentos. Porque com uma quantidade de 60.000 a 80.000 pensamentos por dia, o controle absoluto é impossível de alcançar. É certamente mais fácil contar os grãos de areia nas praias do sul da França...

Se você tentar controlar todos os seus pensamentos, não precisa mais se preocupar com mais nada. Certamente não queres isso, porque a vida te espera com muitas coisas bonitas. Além disso, os pensamentos se intensificam quando você quer controlá los e mudá los . Podes comparar a tua mente à de uma criança. Quanto mais frequentemente impedires de fazer algo, maior será a atração de fazer o que é proibido.

Em termos de seus pensamentos, isso significa que quanto mais frequentemente você tenta não pensar em uma coisa em particular, mais presente o pensamento vem à tona. Porque é mais provável que os pensamentos voltem quando são suprimidos. É por isso que o pensamento positivo muitas vezes leva a que essas pessoas tenham ainda mais dúvidas sobre si mesmas e se sintam ainda piores. Conforme você tenta pensar mais positivamente e elimina as formas negativas de pensar, elas se tornam cada vez mais superficiais porque você se concentra ainda mais em seus pensamentos negativos.

Portanto: *Ao querer pensar mais positivamente, você dá mais liberdade aos pensamentos desagradáveis, permitindo que eles cresçam e prosperem e a armadilha do pensamento positivo se fecha.*

A vida seria muito mais fácil se as pessoas pudessem controlar completamente os seus pensamentos. Mas isso seria muito fácil e não seria um desafio!

Para que você ainda tenha sucesso em se livrar de pensamentos negativos e sair do carrossel de pensamentos, você deve se identificar com eles e dar uma olhada mais de perto. Porque, basicamente, os teus pensamentos não são o problema. O ponto crucial é a identificação com seus pensamentos e sua crença de que um evento irá acontecer exatamente como você imaginou que aconteceria em seu cérebro.

Especialmente no mundo ocidental, a fixação está extremamente na mente. É por isso que os pensamentos são vistos como verdade e percebidos como uma imagem da própria pessoa.

Mas, na realidade, eles são apenas pensamentos que não correspondem à verdade e certamente não representam a si mesmos.

Agora você pode se olhar no espelho e dizer a si mesmo que você é Batman, Mark Zuckerberg, o presidente federal ou um alienígena. Mas a realidade é diferente! Muitos pensadores, filósofos e professores têm vindo a perceber que a identificação com os próprios pensamentos causa grande sofrimento. Um dos mais conhecidos é o mestre espiritual e autor Eckhart Tolle, que descreve em seu livro "Agora" que as pessoas sofrem desnecessariamente porque se tornam escravas de seus próprios pensamentos.

Segundo Tolle, a chave para a felicidade é que as pessoas vivam no presente, no aqui e agora. Basicamente, depende de você quanta fé você dá aos seus impulsos de pensamento. Porque os pensamentos são apenas suposições, histórias e imagens que estão na sua cabeça. Não são necessariamente verdadeiras. Mas às vezes há um pedaço de verdade neles. Depois há esta forma de pensar que descreve a sua opinião sobre si mesmo. Conhece os seguintes pensamentos?

- A minha opinião não tem valor e não tem importância.
- Porque é que os outros não podem fazer isso e eu?
- Não sou suficientemente atraente.
- Não sou uma pessoa simpática.
- Tenho sempre de ser simpático e simpático.
- Ninguém gosta de mim.
- Não vou conseguir.

Exatamente esses pensamentos são como as promessas de comerciantes de automóveis usados, que você não deve acreditar em tudo. Tente tomar a posição do observador neutro e solte os pensamentos negativos.

Na psicologia, essa habilidade é chamada de "autoconsciência". Este abandono dos pensamentos também pode ser encontrado no budismo. As pessoas que integram isso na sua vida podem se separar de correntes de pensamentos desagradáveis.

Solte os pensamentos, não os controle.

Como você já vivenciou, a maioria dos pensamentos surge inconscientemente. Não podes controlar isto. Há controle apenas com o pensamento consciente, sempre que você quiser isso olhe atentamente para os pensamentos. Observando e olhando de perto, os pensamentos perdem uma grande parte do seu poder, porque criam uma distância entre si e já não se identificam com eles.

Olhando apenas para seus pensamentos negativos, não condenando-os ou transformando-os em pensamentos positivos, você os dissolverá mais cedo ou mais tarde em ar puro. Sempre que surgirem pensamentos negativos, você deve tomar a posição do observador neutro sem julgar, condenar ou perder-se.

Infelizmente, isso nem sempre funciona porque eles são pensamentos muito persistentes e firmes. Pratique um melhor manejo do seu pensamento negativo e tome consciência de que pensamentos e sentimentos desagradáveis pertencem à vida.

Está perfeitamente bem! Você não tem que controlar todo o seu pensamento e não se libertar de todos os maus pensamentos. Mantenha o manejo correto de suas formas de pensar e não acredite em tudo o que seus pensamentos querem fazer você perceber.

Os pensamentos têm grande poder. Mas há situações em que o pensamento não é particularmente útil. Muitas vezes não é a maneira mais errada de deixar ir e não ouvir os seus pensamentos.

Pensamento positivo para mais felicidade e paz interior de espírito

Com o pensamento positivo e o abandono dos pensamentos negativos, aspectos completamente novos se abrem para você, a fim de olhar adiante novamente. Porque você terá sucesso em recuperar a autoconfiança, acreditando em seu sucesso e reconhecendo as muitas possibilidades.

Eles ganham força interior e se aproximam de coisas que outros consideram impraticáveis. Veja os grandes sucessos que fizeram história. As pessoas envolvidas nesses sucessos acreditaram no sucesso, arregaçaram as mangas e usaram oportunidades especiais. Eles simplesmente mostraram uma maneira positiva de pensar.

Uma maneira positiva de pensar abre possibilidades inimagináveis para você. Deixando de lado os pensamentos negativos.

➡ concentrar-se nas coisas boas que te fazem feliz. Se, por outro lado, você se agarrar a pensamentos negativos, você está apenas pisando no local. Falhas e supostos perigos atrasam-te.

➡ Ao armar-se contra maus pensamentos, você ganha novo ímpeto para se levantar novamente, ajuste a coroa e siga em frente. A sua capacidade de agir não é limitada por pensamentos negativos.

➡ Eliminar pensamentos negativos é bom para o corpo, mente e alma. O sistema imunológico torna-se forte novamente, os poderes de auto-cura são estimulados e você se sente saudável e em forma.

➡ Pensamentos positivos e uma maneira otimista de pensar são a base ideal para o sucesso pessoal e profissional.

➡ Com bons pensamentos você aprende uma lição muito importante. Porque você tem o conhecimento de que pode abandonar seus próprios pensamentos e influenciá-los até certo ponto. Abriste-te a oportunidades sem precedentes.

➡ Ao ter uma visão mais positiva de si mesmo, você retoma mais autoconfiança e um novo senso de auto-estima.

➡ Você já não se desliga de coisas novas, tem o conhecimento de que você pode conseguir tudo, e se não funcionar, dê o próximo passo em frente. Deixando de lado os pensamentos negativos, novos horizontes se abrem para você.

➡ Com o pensamento positivo você aguça sua percepção e os órgãos dos sentidos. Medos, fracassos, retrocessos e maus sentimentos já não têm lugar, porque já não fechas os olhos, mas examinas conscientemente os pensamentos negativos como um observador neutro.

Ao abandonar os pensamentos negativos, você contribui inconscientemente para o desenvolvimento positivo dos eventos. Para alcançar isso, a resistência, a auto-reflexão e a força mental são importantes. Mas aqueles que conseguem confrontar o crítico interior são recompensados com uma maneira completamente nova de ver as coisas.

5 dicas para finalmente deixar de lado os pensamentos negativos

As cinco dicas a seguir são promissoras se você acreditar em si mesmo e estiver realmente disposto a abandonar seus pensamentos negativos.

1. Acreditar em suas habilidades !

Pensamentos pessimistas e negativos levam-no a falar mal de si próprio e a questionar a sua capacidade. O primeiro passo para abandonar os pensamentos negativos é, portanto, acreditar em suas habilidades e confiar em si mesmo. Apenas aqueles que têm confiança em si próprios e que abordam as tarefas com autoconfiança podem enfrentá-los com vigor e otimismo e alcançar bons resultados.

2. Veja os seus sucessos e reconheça-os como seus!

Já conseguiste tanto na tua vida. Lembra-te destas coisas calmamente. Estes méritos são "SEUS" sucessos! Reconheça suas próprias realizações. Se não fizeres isso, podes convencer-te de que és inútil. Isso é completamente desnecessário! Em vez disso, você fortalece sua autoconfiança com seus sucessos e deles retira força, que pode usar em novos projetos.

3. Diga adeus ao medo de cometer erros!

Mesmo que os erros possam ser muito dolorosos, eles fazem parte da vida. Portanto, você não deve ser dissuadido ou intimidado por isso. Não há nada de errado em cometer um erro. É muito pior se nem sequer tentares atacar algo em primeiro lugar. Os erros existem para aprender e ultrapassar os seus próprios limites . Quem está paralisado por seus medos, fica sempre na mesma situação.

4. Aceitar que haverá sempre competição!

Pare constantemente de fazer comparações entre você e os outros. Só estás a criar uma grande pressão e imensas expectativas por você. As pessoas e os pessimistas que pensam negativamente são absolutamente auto negativos.

Através da sua atitude pejorativa para você mesmo, estabelece-se a crença de que nunca são tão bons como os seus amigos e colegas. Se, por outro lado, aceitar a concorrência, isso também pode ser um grande incentivo para si. Eles desenvolvem motivação para melhorar seu próprio desempenho e podem até mesmo aprender algo com isso.

5. Não ofereça espaço para o desejo de perfeição!

Um gatilho para pensamentos maus e negativos também pode ser o desejo de perfeccionismo. Eles estabelecerão metas muito altas, deixarão a perfeição chegar muito perto e terão um momento particularmente difícil.

O desejo de perfeição desencadeia frustração e decepção quando o gol não é alcançado.

Os gols são importantes e bons! No entanto, é importante que sejam realistas.

Medos: O inimigo de um mundo positivo de pensamento

Por vezes, os medos são companheiros permanentes dos pensamentos negativos e têm grandes efeitos na auto-imagem e na própria atitude. Têm medo de falhar, de fazer algo errado, de não ser amado e de se sentir inútil e solitário. Isso o limita extremamente para que não seja capaz de ver os desafios com uma luz positiva e experimentar coisas novas. Há diferentes formas de medo. Os especialistas concordam mesmo que os pensamentos negativos e os medos não estão apenas intimamente relacionados, mas também têm uma enorme influência na qualidade de vida, dependendo da sua gravidade. As pessoas que se sobrecarregam com pensamentos negativos mais cedo ou mais tarde sofrem danos à saúde por causa disso. O medo é dividido nas seguintes categorias por especialistas:

1. medo: o medo está no topo da lista e é descrito como um sentimento de perigo ou ameaça. É importante reconhecer os perigos, evitar danos e situações que sejam más para si.

2. medo cotidiano: É a forma mais elevada de medo e se apresenta como uma ameaça. Uma ou outra vez são confrontados quando as situações parecem já não ser controláveis.

3. medo existencial: faz parte da vida e você vai encontrá-lo de novo e de novo. Inclui o medo da morte, a solidão, a perda da autodeterminação e a limitação das suas liberdades.

4. Ansiedade neurótica: É expressa quando você sente medo de rejeição, por exemplo. Os especialistas vêem esta forma de ansiedade como uma transição para medos patológicos. Sigmund Freud apropriadamente definiu este medo. Pois ele descreve este medo como um perigo que o homem ainda não conheceu.

5. fobias: São as formas que despertam grande medo em humanos de coisas ou situações concretas. Estes incluem, por exemplo, praças grandes, quartos estreitos, um teste, medo de fracasso social. Com os animais, muitas vezes são as aranhas.

6. medo da compulsão: Este é o termo para comportamento compulsivo, agir e pensar. As pessoas que sofrem de transtorno obsessivo-compulsivo têm, por exemplo, uma obsessão por limpeza, uma obsessão por lavagem ao extremo.

7. os medos traumáticos: baseiam-se em situações que não podem ser psicologicamente processadas ou prevenidas. Estes incluem acidentes, doenças graves que ocorrem subitamente, violência maciça e catástrofes naturais. Os estados de ansiedade ocorrem uma ou outra vez, mesmo que tenham passado décadas entre o evento e hoje. Os especialistas chamam tais medos traumáticos de "flashback".

8. medos generalizados: acompanham a pessoa afetada 24 horas por dia. Levantam-se de manhã com este sentimento de medo e vão para a cama com ele à noite. Não há gatilhos reconhecíveis para esses estados de ansiedade persistente, ou há muitos gatilhos juntos que alimentam essa ansiedade e tornam uma condição permanente.

9. Ataques de pânico: ocorrem repentina e inesperadamente ou têm um desencadeamento específico. Este pânico repentino geralmente não dura mais do que alguns minutos e causa reações físicas e psicológicas violentas.

10. medos associados a um transtorno de personalidade: eles ocorrem porque os afetados têm medo de perder o "eu" e sua própria identidade. Isso resulta em uma perda de estabilidade, que é importante para a força interna e autoconfiança.

Esses 10 medos são apenas uma parte da ansiedade que acompanha as pessoas em suas vidas. Muitas vezes esses medos surgem de pensamentos negativos.

Portanto, é de grande importância que você olhe mais de perto a sua maneira de pensar e descubra em que se baseiam esses pensamentos. O seu medo é um medo primordial que faz parte da vida e o protege de perigos e situações para que você não venha a prejudicar?

Então esse medo é impulsionado pelos teus instintos. Garante a sobrevivência e protege-o de lesões, dor e morte.

Ou é um medo fictício que sentes? Então ela se baseia apenas em sua imaginação e é adicionalmente estimulada por seus pensamentos negativos. Em todas as situações, a sua fantasia desempenha um papel maléfico, porque são criadas imagens terríveis que se espalham nos seus pensamentos. Nublam todos os outros pensamentos e não correspondem de forma alguma à realidade. Não têm nada em comum com o medo primordial.

Esses medos fictícios fazem você se sentir inútil e duvidar de si mesmo. São precisamente esses medos que podem ser combatidos, abandonando os pensamentos correspondentes, olhando-os com neutralidade e privando-os, assim, da sua força.

Os cenários de horror estão apenas na tua cabeça. Não há garantias de que esta situação ocorra exatamente na vida real. A partir do seu medo, você criou estas imagens negativas em seus pensamentos.

Imaginando imagens positivas e criando um bom resultado, por exemplo, em uma conversa com o chefe, você não pode superar seu medo e criar dúvidas sobre si mesmo. Existem diferentes métodos para controlar o medo fictício.

7 métodos para combater medos fictícios

A fim de combater o medo fictício, estes 7 métodos aplicam-se no ponto em que o seu medo surge na sua cabeça.

Primeiro, use a verificação da realidade para combater o seu medo!

Se olhar mais de perto para o seu medo e ansiedade, irão rapidamente perceber que não há razão nenhuma para isso e que o sentimento de medo é completamente exagerado. Porque as imagens terríveis na sua cabeça são apenas o resultado da sua maneira de pensar e atitude e não têm nada em comum com a realidade. Assim, o seu medo é completamente infundado. Você mesmo verá isso nos exemplos a seguir:

Exemplo 1: *Tem muito medo de cometer um erro.* Todos cometem erros e não são imunes a eles. Mude sua visão das coisas e olhe para o outro lado da moeda.

Se cometeres um erro, podes corrigi-lo a qualquer momento.

Exemplo 2: *Você tem muito medo da mudança.* As mudanças são assim tão terríveis e perigosas? Não! Porque eles oferecem-lhe a oportunidade de ganhar uma nova perspectiva, para se desenvolver ainda mais e ampliar seus horizontes existentes. Ao fazer mudanças, você pode olhar além do seu próprio nariz e até mesmo crescer a partir dele.

Exemplo 3: *Você tem medo de mostrar limites a outras pessoas.* Cada ser humano tem fronteiras que não devem ser ultrapassadas pelos outros. Mostre seus limites calmamente e deixe claro onde estão esses limites. Com isso você mostra força interior e autoconfiança. O seu homólogo sabe exatamente até onde pode ir e que o seu comportamento foi inapropriado.

Exemplo 4: *Você tem medo de coisas novas.* Somente através de coisas e circunstâncias novas você pode se desenvolver porque você se atreve a tentar algo novo. Embora o medo pareça muito real, está apenas na tua mente.

Não podes prever como as coisas vão se desenvolver e o que está para vir. Pegue o caminho para novos reinos. Descobrirá depois que não havia razão nenhuma para os seus medos e ansiedades.

Exemplo 5: *Você tem medo de dar aos outros um vislumbre de sua verdadeira personalidade.* Nada de dramático acontece quando mostras o teu verdadeiro eu, a tua verdadeira personalidade. Cada pessoa tem a sua própria individualidade. Você vai experimentar que, de repente, o ruim se separa do trigo e só restam pessoas que apreciam sua personalidade e se preocupam com você.

Exemplo 6: *Você tem medo de fazer contato com outras pessoas.* Vá em frente e fale com outras pessoas. Nada de mal te pode acontecer, exceto as que são hostis contigo. Esse não é um grande sentimento, mas mostra imediatamente que o respeito não tem valor com essas pessoas. Essas pessoas são venenosas. Não é bom experimentar a rejeição, mas não causa grandes danos!

Exemplo 7: *Você tem muito medo do fracasso.* Falhas não causam nenhum dano físico. Talvez tenha evocado ambos na sua mente.

As derrotas e os desafios estão aí para crescer, para se tornar melhor e para ganhar novas perspectivas. Comece de novo com as descobertas e siga o seu próprio caminho.

Exemplo 8: *Você tem medo de ficar sozinho.* Não tens de ter medo de estar sozinho. Porque há uma pequena diferença entre ficar sozinho e estar sozinho. Além disso, estar sozinho tem vantagens muito especiais. Você pode se concentrar completamente em si mesmo e aproveitar este tempo ao máximo. Ordene os seus pensamentos ou cumpra os desejos que teve durante muito tempo.

Exemplo 9: *Você tem medo do que as outras pessoas pensam sobre você.* Este medo é injustificado, sem sentido e contraproducente. Não te importas com o que os outros pensam de ti. Além disso, a maioria das pessoas tem muito a ver consigo mesmas e não tem tempo para pensar sobre elas.

Exemplo 10: *Você tem medo que muitas pessoas falem, entrevistem ou façam uma apresentação.* A única coisa que pode acontecer com vocês são ouvintes abanando a cabeça, caindo em sua boca e ao invés de aplaudir, apenas deixando a sala e andando. Especialmente se você tem que falar na frente de um monte de pessoas, você deve criar uma imagem positiva entre o público e convencê-los com sua retórica. Até mesmo grandes personalidades tiveram de aprender isso primeiro. É por isso que não tens de ter medo dele.

Mesmo que esses medos criem um sentimento desagradável, muito real, você deve sempre estar ciente de que você mesmo criou esses sentimentos através de seus pensamentos negativos. Assim que você percebe o que pode acontecer no pior dos casos, você percebe que os sentimentos negativos são apenas baseados em seus próprios pensamentos e não são realidade. Os teus pensamentos perdem o seu efeito poderoso e são de repente muito pequenos.

2. Criar outras imagens positivas na sua cabeça!

Além da verificação da realidade, você deve mudar as imagens mentais positivamente. Mesmo que não acredite nisso, você pode influenciar seus próprios pensamentos e orientá-los na direção certa.

Imagine agora, por exemplo, um pôr-do-sol onírico, com temperaturas quentes no mar. Aposto que o vês mesmo à frente do teu olho interior! Tudo o que você precisa para influenciar positivamente seus pensamentos é o conhecimento de que você é responsável por seus próprios pensamentos. Assim que surgir um sentimento de medo, você deve olhar mais de perto para as imagens de pensamentos e percebê-las conscientemente, a fim de filtrá-las e apagá-las. Para isso, reduza o tamanho da imagem, desfocando-a, rasgue-a ou pinte-a com cores brilhantes e vibrantes. Quanto mais o fizeres, mais fácil será para ti. Tente substituir as imagens negativas por positivas. Com sua imaginação, você é capaz de influenciar positivamente a percepção. As imagens mentais positivas são a melhor arma secreta contra o teu medo.

3. Tente controlar seus pensamentos!

Quanto mais consciente você se tornar de seus pensamentos negativos, melhor você será capaz de influenciá-los positivamente. A meditação é uma ótima maneira de fazer isso. Você será capaz de parar o carrossel de pensamentos, sair e deixar ir os pensamentos negativos e emoções. Presta atenção às coisas mais importantes e descansa. Você não precisa de longas sessões de meditação, apenas alguns minutos por dia é suficiente. A meditação também lhe dá uma sensação corporal positiva, que tem um grande efeito contra os seus medos.

Nota: *Se você se sentir relaxado , você não pode ter uma sensação de medo ao mesmo tempo!*

4. O sucesso é a super arma contra o medo!

Com o seu senso de realização, o medo pode ser combatido muito bem. Sempre que o sentimento de ansiedade surgir, você deve manter seus sucessos em mente. Se você tiver superado o medo atual, os sentimentos negativos serão mínimos na próxima vez.

Você entendeu que nada terrível pode acontecer com você e poderá novamente ter autoconfiança. Use este conhecimento e prossiga passo a passo, então em breve você será capaz de enfrentar seus grandes medos.

Use sucessos anteriores para combater o medo e lembre-se dos sentimentos positivos da época. Há certamente situações em que você enfrentou seu medo. Mergulhe neste sentimento positivo. Mesmo as pequenas coisas tendo um efeito enorme. Apenas a certeza de que você enfrentou o medo em uma determinada situação lhe dá uma boa sensação. Lembre-se de tais situações novamente e manifeste os pensamentos e emoções em sua memória. *"Podes fazer qualquer coisa, aconteça o que acontecer!"* Com esta frase consegues acreditar que não tem mais nada a temer.

5. Enfrente seus medos com um confidente!

Se enfrentares os teus medos sozinha, eles podem por vezes crescer. Por exemplo, você se sente muito mais ansioso quando tem que fazer um discurso sozinho na frente de um grande público. Porque não levas contigo uma pessoa em quem confias?

Uma pessoa ou grupo de confiança garante segurança e estabilidade. Sente-se mais forte e podes até superar o teu medo. Procure pessoas que não compartilham os mesmos medos com você ou que já superaram seus medos. Estas pessoas são a âncora para ti. Porque eles lhe mostram que você pode enfrentar seus medos calmamente e que nenhum mundo entrará em colapso no processo.

6. Agir para neutralizar seus pensamentos negativos!

Quanto mais você entrar em pensamentos negativos, pior será o medo. Porque você está desperdiçando energia valiosa nas imagens negativas, que você pode usar com mais sensibilidade.

Antes de ter consumido toda a sua energia, você deve pisar no gás e mudar para a pista rápida para não investir ainda mais energia em maus pensamentos e evocar cenários terríveis. Isso não significa que devas expor-te conscientemente ao perigo. Pelo contrário, isso significa que você reduz seus pensamentos ao mínimo e se pergunta se a situação representa um perigo. Então atreve-se a dar um passo em frente:

➡ Fale com as pessoas muito interessantes que você vai encontrar na conferência, sem se preocupar em como começar a conversa. Não há errado ou certo! A única coisa que pode acontecer é que a pessoa selecionada não está interessada em falar consigo.

➡ Visite um bar de karaoke, suba ao palco e agarre o microfone antes que os pensamentos negativos entrem na sua cabeça e pense em como o público pode reagir ao seu desempenho.

Se uma situação surgir, você não deve remoer, mas imediatamente tomar medidas corajosas e tornar-se ativo. Isso evita que pensamentos negativos surjam de todo.

7. Sentir a dor dos sentimentos negativos com cada fibra do seu corpo!

O medo não é uma sensação agradável. Todos concordamos com isso. Mas que alternativas existem para contrariar este sentimento e esta dor? O seu medo é tão grande que te impede de experimentar novos caminhos e de olhar acima do teu nariz. Enfrenta o teu medo e sente a dor. Você conseguirá isso se imaginar como será a sua vida se não enfrentar o seu medo e pensamentos negativos. Tente sentir os sentimentos e sensações corretamente. Mantém os olhos na bola,

- ➥ do que tens medo, do que estás a perder,
- ➥ que experiências são retidas de você
- ➥ que restrições tens de aceitar na tua qualidade de vida.

Vais perceber que não é uma boa ideia!

Agora imagine em sua mente o quão feliz e relaxada sua vida é quando você finalmente deixa ir seus pensamentos negativos. Produza fotos e mostre a si mesmo quanta alegria você terá na vida sem medo. Você vai perceber que você pode finalmente enfrentar novos objetivos e realizá-los sem medo. Eles têm o potencial em você para começar uma vida feliz, satisfeita e relaxada.

Desenvolver a auto-imagem - um aspecto importante do desenvolvimento da personalidade

Há essa autocompreensão com a qual as outras pessoas passam pela vida, tomam decisões e não perdem a cabeça, mesmo no caso de uma decisão errada. O que essas pessoas fazem de diferente e que habilidades elas têm que as tornam tão soberanas e calmas, até mesmo felizes consigo mesmas?

Essas pessoas lidaram consigo mesmas, conhecem seus pontos fortes e fracos e estão em paz . Eles não se esforçam para "mais alto, mais rápido, mais longe" só porque outras pessoas esperam que o façam. Eles também não se permitem ser empurrados para um papel específico e não permitem que surjam receios em primeiro lugar. No seu caminho de vida, aprenderam a refletir sobre si mesmos, a aceitar fraquezas e podem até ganhar algo de bom com elas. Especialmente para eles próprios, estas pessoas são extremamente honestas.

Se você mesmo começar a ser honesto, descobrirá que seu pensar e agir será um grande quebra-cabeças, pois você se manipula através de sua atitude interior e de seus próprios pensamentos, colocando assim a autoimagem sob uma luz completamente diferente. A autoconcepção tem muito a ver com "conhecer-se a si próprio". Mas esteja ciente de que seu próprio "Eu" sempre tem surpresas reservadas para você e deixa claro que você ainda não olhou para todos os abismos.

Imagine a sua vida como um grande salão, de onde vêm muitas portas. No meio, há uma cadeira na qual você se senta com um grande molho de chaves na mão. Eles já abriram bem algumas das portas trancadas e olharam para a sala atrás deles, outros são apenas um espaço aberto e outros ainda estão firmemente trancados. Cada vez que abres uma porta, aprendes um pouco mais sobre ti. E é precisamente esta informação que o ajuda a conhecer-se um pouco mais e a desenvolver a sua autoimagem.

É claro que há pessoas que são completamente resistentes e não querem ou não são capazes de se desenvolverem mais através de experiências consigo mesmas.

Mas essas pessoas estão relutantes em desenvolver um novo modo de pensar mais positivo, em descartar pensamentos negativos e em começar uma vida mais feliz e mais contente.

Se você pertence à outra categoria e finalmente quer se livrar de pensamentos negativos, você terá sucesso. Surpreendentemente, as pessoas podem mudar, influenciar seu próprio mundo de pensamento e ganhar uma atitude mais positiva. Entretanto, é importante que você reflita sobre as formas de pensar e agir para alcançar uma nova consciência. Através do conhecimento que você ganha, você desenvolve uma nova autocompreensão com base no conhecimento de que nem tudo é ruim e deve ter um mau resultado. Você descobre que a medalha tem dois lados e se atreve a olhar mais de perto para ela.

Você se torna claro que está conjurando certas situações através de seus próprios pensamentos, em vez de acreditar firmemente que tudo está indo bem. Se algo der errado, você ainda pode procurar a solução para o problema.

E isso é menos dramático do que dizer a si mesmo que não pode, que não tem as habilidades e que não é bom o suficiente.

Você pode se conhecer um pouco mais, olhando mais de perto o feedback sobre si mesmo. Isso inclui reações ao que você diz, como se comporta e o que faz. Deixe de lado a crítica dos outros, mas olhe para o seu efeito e o que ele desencadeia em outras pessoas. Outro aspecto importante também deve ser considerado. A sua autoimagem corresponde à imagem que os outros têm de si? Você consegue transmitir seus próprios pontos de vista corretamente ou sua maneira negativa de pensar vem à luz muito claramente?

Há uma pergunta importante que você deve fazer a si mesmo em relação à autoimagem. "Porque é que eu penso de forma negativa e não diferente?"

Responder a esta pergunta mostra-lhe o padrão de comunicação que você definiu para si mesmo, porque na vida você se colocou repetidamente em uma luz negativa e concordou com toda a competência.

Existem padrões especiais que fazem pouco para se livrar de pensamentos negativos e ganhar autoconfiança. Para mudar seus padrões de pensamento, você não precisa de um objetivo concreto. O desejo por si só é muitas vezes suficiente para se pôr em movimento. Já a experiência trará melhores resultados. Você vai conseguir um grande efeito se você filtrar, analisar e compreender contextos concretos. Uma boa maneira de fazer isso é analisar seu comportamento e sua maneira de pensar. Isso vai deixar claro para você que a questão do "porquê" não só riscar a superfície, mas vai muito mais fundo.

Ela lhe revela insights sobre os quais seus pensamentos negativos e seu pessimismo estão baseados. Ao mesmo tempo, você obtém informações que fortalecem a atitude negativa e a maneira de pensar.

Por vezes são outras pessoas e mais frequentemente vocês mesmos, porque não podem sair do espiral de pensamentos negativos e estão presos. Para mudar alguma coisa, você precisa saber quais mecanismos desencadeiam pensamentos negativos em você.

Se você sabe de onde vem sua atitude interior e sua maneira de pensar, você pode mudar algo sobre isso. Se, por exemplo, você é uma pessoa que está sempre orientada para os outros e negligencia suas próprias necessidades, você deve finalmente começar a tomar um caminho diferente e separar-se das pessoas ao seu redor que o empurram em uma determinada direção e querem que você saiba que você não é bom o suficiente.

Compreender a si mesmo, deixar de lado os pensamentos negativos e trocar o pessimismo por uma atitude otimista é bem-sucedido se você lidar com suas próprias visões e inclinações e conseguir que a visão veja as coisas positivamente. Com a forma alterada de pensar você pode reescrever o programa de vida anterior e seguir caminhos completamente novos, que o fazem feliz da alma mais profunda.

Programação Neurolinguística - finalmente deixar de lado os pensamentos negativos

Se você está procurando maneiras de deixar de lado os pensamentos negativos, você é obrigado a se deparar com programação neurolinguística, ou PNL para abreviar. O que está por detrás disto tudo?

Citação:

*"**A Programação Neurolingüística (NLP)** é uma coleção de técnicas e métodos de comunicação para mudar processos psíquicos em pessoas, que entre outras coisas incluem conceitos de terapia centrada , terapia Gestalt, hipnoterapia e as ciências cognitivas, bem como o construtivismo".*

Citação: *"O termo "Programação Neurolingüística" deve expressar que os processos no cérebro (= **Neuro**)*

*com a ajuda da língua (= **linguística**)*

*pode ser alterado com base em instruções sistemáticas de ação (= **programação**)."*

Wikipédia

Isto parece altamente científico, mas também pode ser expresso em palavras mais simples.

A PNL trata basicamente da percepção subjetiva humana. Nada mais se expressa a não ser que as pessoas percebam e vivenciem certas situações, elas mesmas, outras pessoas, o trabalho, o relacionamento e a vida cotidiana de maneiras diferentes. Dependendo de como você percebe seu ambiente e você mesmo, como você pensa, sente e avalia essas emoções, uma e a mesma situação resultará em um sentimento positivo e bom para você, ou em sentimentos estressantes, opressivos e difíceis. Desta forma, cada pessoa cria a sua própria realidade individual.

A programação neurolinguística chega ao fundo da questão de quais fatores controlam as pessoas e como você produz suas próprias experiências. Em outras palavras, *a PNL é o estudo da subjetividade humana.*

Uma vez que a língua e a comunicação são uma grande parte da vida cotidiana, seja profissional ou privada, esses elementos estão intimamente ligados à PNL.

É sobre expressões faciais, gestos, a maneira como você fala, o tom, a maneira como você se expressa, a postura e até mesmo como você se mantém em silêncio. Uma vez que estas diferentes formas de comunicação são sempre utilizadas, não funciona não comunicar. Isso significa que com o que você diz, faz ou como você se comporta, você constantemente envia mensagens para outras pessoas.

Portanto, a programação neurolinguística vai em busca de respostas para a questão de até que ponto a comunicação e a linguagem influenciam o pensamento e a ação das pessoas. Que conclusões podem ser tiradas dos padrões de comunicação e como você é percebido com eles?

A PNL ajuda você a entender melhor os processos de comunicação e garante que você se comunique melhor.

Como a definição mostra, PNL é um termo genérico para uma variedade de métodos de influenciar os outros e a si mesmo, de mudança e comunicação. PNL, programação neurolinguística, consiste em três termos.

Neuro descreve os processos neurológicos que ocorrem no cérebro de um ser humano. Se esses processos forem influenciados, isso às vezes leva a uma mudança de comportamento.

Linguística significa linguagem. A programação neurolinguística consiste, portanto, em reconhecer padrões especiais de fala, a fim de usá-los conscientemente ou, se necessário, mudá-los.

Programação é a dica de que o cérebro humano funciona como um computador e que certos programas funcionam nele que as pessoas aplicam em padrões de pensamento e comportamento. PNL é como um programa de reparação que identifica programas danificados, modifica-os e substitui-os por programas positivos que funcionem corretamente.

A PNL não está claramente delineada, mas está constantemente a ser desenvolvida. Muitos terapeutas, treinadores e praticantes estão trabalhando nisso,
continuar a desenvolver os métodos existentes e criar novos métodos.

A mediação e apropriação de certas estratégias é chamada de modelagem na PNL. Por exemplo, isso significa que pessoas com habilidades ou talentos especiais alcançam mais desempenho. A chave para a competência é, portanto, a capacidade de trazer pensamentos e linguagem para uma determinada forma. Aqueles que dominam a modelagem podem aprender mais eficientemente. A PNL é usada em educação, negócios, psicoterapia, saúde, esportes e processos criativos.

A PNL não é utilizada apenas para doenças patológicas. Em princípio, todos podem se beneficiar do método PNL. Porque as possibilidades de aplicação são tão extensas quanto os desejos, sonhos e problemas com os quais as pessoas são confrontadas todos os dias.

Com a PNL, por exemplo, você pode aprender mais efetivamente, melhorar a parceria e a saúde, alcançar objetivos específicos, alcançar o sucesso profissional, esportivo e se livrar dos medos. As técnicas de PNL são fáceis de aprender e de usar.

A quem se destina a PNL?

A PNL tem a sua própria filosofia ou mesmo um modo de vida especial. Porque as diferentes ideias ou suposições básicas nas quais a PNL se baseia resultam destas quatro convicções básicas.

➡ Flexibilidade em pensar e agir

➡ Orientação e realização de metas

➡ Afiação dos sentidos para percepção externa e autopercepção

➡ Uma consciência clara da própria responsabilidade

Dependendo para o que você quer usar a PNL, você precisará de diferentes habilidades. Mesmo que sejam diferentes, a ideia básica pessoal é sempre a mesma. O objetivo é alterar os padrões obstrutivos de pensamento e comportamento, otimizar as competências ou encontrar soluções eficientes para os problemas.

A PNL não é apenas interessante para grupos profissionais especiais, mas também pode ser usada para o desenvolvimento pessoal e uma forma mais positiva de pensar em todas as áreas da vida. Não há limites!

A PNL é interessante, por exemplo, no ensino e na educação, uma vez que são desenvolvidas e aplicadas estratégias de aprendizagem individuais, em que tanto os alunos como os professores recebem um aumento perceptível da motivação. Isto permite alcançar um sucesso sustentável na aprendizagem.

Na economia, a PNL é utilizada com sucesso nas mais diversas áreas de negócio. Na gestão, o método pode ser um instrumento eficaz para melhorar a comunicação, lidar com clientes e colaboradores e alcançar uma atmosfera positiva a nível emocional. Um alto nível de habilidades de comunicação não só tem um efeito positivo, mas também tem um efeito direto sobre o sucesso da empresa, especialmente nas áreas de vendas e compras.

Com a PNL e as ferramentas apropriadas, a comunicação pode ser otimizada e um estilo de liderança pode ser desenvolvido de forma cooperativa e orientada aos funcionários. Desta forma, mesmo em situações difíceis, é possível agir propositadamente e resolver conflitos na equipe muito rapidamente. Através de estratégias de comunicação melhoradas, os padrões de comportamento individuais podem ser identificados e alterados de forma orientada para os objetivos, utilizando métodos adequados. Aqueles que dominam PNL garantem o sucesso empresarial global.

As pessoas que trabalham na área da medicina têm de possuir um elevado nível de competência social. Para tal, existem abordagens estratégicas que promovem a competência social para que se estabeleça uma relação de confiança e empatia com o doente. O estilo de comunicação cooperativa resulta numa melhor relação entre os doentes e o pessoal, uma vez que existe uma compreensão mútua. Isso melhora o processo de recuperação e garante que uma atitude mais positiva seja cultivada em geral.

Em manifestações clínicas, a PNL pode ser usada como um método orientado para o alvo em combater doenças mentais. A programação neurolinguística, por exemplo, é ideal para distúrbios de ansiedade, fobias e ajuda a finalmente abandonar os pensamentos negativos. As pessoas afetadas sentem uma rápida melhoria e sentem-se muito mais fortes, pois finalmente encontraram o caminho certo para manifestar pensamentos novos e positivos, para ganhar e construir autoconfiança.

A PNL na prática é ideal para o desenvolvimento pessoal. Porque, em princípio, em todas as áreas há uma comunicação constante a nível verbal e não verbal. No entanto, os mal-entendidos ocorrem repetidamente na comunicação interpessoal.

➡ Os outros entendem realmente as suas mensagens como você as queira dizer?

➡ Existe uma interpretação correta das reações e declarações do seu interlocutor?

Devido aos vários métodos que a PNL oferece, você será capaz de se comunicar muito melhor em sua vida profissional e privada.

Informação: Você *sabia que as pessoas que estão envolvidas com PNL e aprenderam estratégias e métodos são muito mais bem sucedidas, satisfeitas e felizes com suas vidas do que antes?*

Estudos científicos mostram que apenas 20 por cento das coisas que você experimentou e aprendeu até agora em sua vida são usadas. Os restantes 80 por cento estão a dormir no teu subconsciente. Exatamente esses potenciais não utilizados podem ser estimulados e usados com programação neurolinguística.

As experiências e percepções são sempre muito pessoais e, portanto, subjetivas. E é precisamente essa subjetividade que influencia consideravelmente sua maneira de pensar e agir e influencia sua própria percepção.

Isso turva sua visão das muitas possibilidades de ação que, em princípio, estão disponíveis para você, a fim de moldar com sucesso sua própria vida.

Com a PNL você aguça sua própria percepção, reconhece as múltiplas e promissoras opções e pode usá-las em toda a sua extensão e implementá-las criativamente.

- ➡ Ao ativar e aguçar seus sentidos, você reconhece seu próprio potencial e o dos outros.

- ➡ Agora você pode fazer uso das habilidades que estavam anteriormente escondidas no subconsciente.

- ➡ Você terá uma visão mais clara de seus pontos de vista e valores básicos, o que o levará a uma maneira mais autodeterminada de pensar e agir.

- ➡ Você pode realizar seus próprios desejos, idéias e visões com autoconfiança e criatividade.

- ➡ Uma maior flexibilidade permite que você enfrente os desafios em constante mudança na vida com sucesso e serenidade.

Isto dá-lhe a capacidade de alcançar objetivos, uma vez que pode agora formulá-los muito claramente.

Você sabe exatamente onde o seu caminho deve levá-lo e o que você realmente quer alcançar.

Com a PNL, você aprendeu não apenas a expressar as coisas de forma clara e compreensível, mas também a alcançar o seu objetivo escolhido com uma abordagem orientada.

Comunicação positiva

A linguística desempenha um papel decisivo na PNL. O desenvolvimento do modelo baseia-se na análise e modelação dos padrões de fala de terapeutas bem sucedidos. Assim, o domínio linguístico da programação está claramente presente em relação a padrões de linguagem influentes e hipnoticamente atuantes. Existem métodos linguísticos que permitem uma interação e comunicação flexíveis com pessoas que estão em sintonia com o seu caráter e origem. Isto ajudará a aumentar a diversidade da compreensão da comunicação interpessoal. Isso torna muito mais fácil para você se ajustar à percepção subjetiva do entrevistado, independentemente da sua própria opinião. Especialmente em situações de conflito, esta capacidade é inestimável.

Para que você possa finalmente deixar de lado os pensamentos negativos e mudar suas formas de pensar e se comportar, você aprenderá como usar a PNL usando as técnicas mais comumente usadas.

"Swish Technique" de Richard Bandler

Richard Bandler é um dos desenvolvedores da programação neurolinguística. A PNL foi desenvolvida naquela época como um método de psicoterapia de curto prazo. A técnica do Brandler é um método generalizado de mudança de comportamento e pensamento. Um pensamento indesejado é retomado para substituí-lo por algo positivo e desejável. Você pode utilizar os 5 passos seguintes para aplicar esta técnica:

1. Escolha uma memória desagradável, medo ou estado mental negativo e visualize-o até ao mais ínfimo pormenor. Você sentirá cada sentimento e verá seus medos de forma clara e inequívoca. Ouves, gostas e cheiras porque ativaste os teus órgãos sensoriais. Quanto mais órgãos dos sentidos estiverem envolvidos para intensificar sua imaginação, mais fortes serão as sensações.

2. Desses sentimentos fortes e negativos, pense agora em algo agradável e positivo, por exemplo, uma boa memória ou uma visualização positiva. Estes belos pensamentos ou imagens devem preocupá-lo pessoalmente e desencadear um sentimento feliz. Mergulhe nestas sensações positivas tão profundamente como fez com as negativas antes.

3. Agora crie dois quadros em sua mente, um grande, expressivo e um pequeno, discreto. Na moldura grande você guarda as idéias e memórias negativas e desagradáveis e na moldura pequena as imagens e impressões agradáveis. A moldura com o conteúdo desagradável está no centro do seu campo de visão, enquanto a pequena e discreta com a apresentação agradável está no limite.

4. Este passo é o mais importante, pois agora você "muda" os dois quadros, tornando a moldura de uma imagem. A imagem anterior no quadro grande torna-se discreta e desfocada e a imagem fora do quadro pequeno torna-se clara e reconhecível. A troca de quadros deve ocorrer rapidamente. Se você tem uma imaginação acústica distinta, você pode até imaginar aquele som sibilante ao trocar. Se não, pronuncie a palavra "silvo" você mesmo.

5. Este processo é repetido até que um sentimento agradável e pensamentos positivos aparecem automaticamente quando idéias desagradáveis tentam penetrar em seu mundo de pensamentos.

O poder dos pensamentos positivos

Sempre que outras pessoas surgem com a idéia de finalmente pensar positivamente, os pessimistas rolam os olhos e pensam que essas pessoas enlouqueceram. O que deve ser positivo sobre este evento, o próximo desafio ou o que pode acontecer?

As pessoas que estão firmemente enredadas em seus padrões de pensamento negativo têm uma idéia completamente errada do que realmente significa o pensamento positivo. Acreditam que as pessoas que pensam positivamente são devaneantes que não olham a realidade nos olhos e ignoram constantemente as circunstâncias negativas. Felizmente, esta suposição não está correta. O otimismo é tão real como o pessimismo e não tem nada a ver com sonhar acordado. Não há apenas coisas positivas, mas também negativas neste mundo. Mas com a maneira correta de pensar, você também pode ganhar algo positivo de coisas negativas.

Depende inteiramente de você se prefere andar pela vida como um pessimista com pensamentos negativos ou concentrar-se do outro lado com uma maneira positiva de pensar.

12 Maneiras para livrar se em pensar e se comportar de forma negativa

1. Não faça dos pensamentos negativos a sua primeira prioridade!

Como você sabe agora, os pensamentos negativos não só têm grande poder, mas são destrutivos, afetando sua autoestima e autoconfiança. Você tem uma grande influência sobre sua coragem, alegria, felicidade, sucesso e seu bem estar mental. Sente-se mal e inútil. Não dê ao pensamento negativo a oportunidade de tomar toda a sua atenção e espalhar-se sem impedimentos. Eles não desaparecerão, mas perderão cada vez mais poder. Se mais uma vez as auto-repreensões, dúvidas, preocupações e medos se espalham e ofuscam seus pensamentos, você deve puxar a corda do rifle energeticamente, lidar com coisas bonitas pensamentos positivos e visualizações alegres. Isto irá distraí-lo de pensamentos e sentimentos negativos.

2. Segundo, fazer sorrir uma grande disciplina.

Pessoas com uma atitude negativa e maus pensamentos também mostram isso em suas expressões faciais e na linguagem corporal. Percorrem a vida com sorrisos pendurados na boca e uma expressão facial rabugenta. Há também pessoas que encontram a vida com todos os seus altos e baixos com um sorriso. São precisamente estas pessoas que podem ganhar algo de positivo mesmo em situações negativas e que não levam a vida e a si mesmas tão a sério.

Pesquisadores descobriram que mesmo um sorriso, ou seja, uma expressão facial positiva, libera hormônios da felicidade. Os músculos faciais transmitem informações positivas ao cérebro para que as coisas já não sejam apenas vistas a preto, mas também as muitas tonalidades de cinzento e até cores brilhantes. As pessoas com um sorriso no rosto estão mais relaxadas e mais satisfeitas.

3. Se surgirem eventualidades, você deve primeiro procurar as coisas positivas!

Todas as situações têm dois lados, tal como uma medalha! É por isso que todas as situações, por muito precárias e negativas que sejam, oferecem a oportunidade de obter algo de positivo. Porque depende sempre do ponto de vista e da interpretação correta.

Os aspectos negativos podem ser um desafio e um impulso instigante ou podem iniciar um processo de reprogramação do próprio pensar e agir. Por exemplo, não se aborreça excessivamente se não tiver um lugar de estacionamento à frente da sua porta, mas olhe para ele de forma positiva.

Você pode dar um pequeno passeio ao ar livre, relaxar e desfrutar de belo clima. É claro que nem sempre é fácil pensar positivamente, especialmente quando se trata de preocupações e problemas existenciais incontroláveis. Em tal situação, conselhos como "vai ser bom para alguma coisa" não te levarão mais longe.

Mas aqueles que já começaram a olhar mais de perto para as pequenas coisas e a descobrir o lado positivo também podem lidar mais facilmente com grandes desafios.

4. *Quarto, escreva um diário de gratidão.*

Isso pode parecer estranho no início. Mas um olhar mais atento revela que nem tudo é apenas negativo, mesmo que possa parecer assim no momento. Cada pessoa tem coisas pelas quais é grata, mesmo que pareçam tão pequenas. Escreve tudo aquilo por que estás grato.

Isso permitirá que você se concentre nas coisas belas ao invés de lidar com as coisas negativas. Escreve tudo aquilo por que te sentes grato. Fale tudo que está sentido, o que te incomoda ou não. É importante que você se conscientize disso todos os dias novamente. Com o passar do tempo, você perceberá cada vez mais aspectos positivos em sua vida pelos quais poderá ser grato.

5. Evitar overdose por informações negativas!

Em qualquer lugar, seja na televisão, rádio ou redes sociais você está sobrecarregado com informações negativas e relatórios de desastres.

Isto rapidamente dá a impressão de que o mundo não tem nada de positivo a oferecer. É claro que há muita violência em todo o mundo, muitas catástrofes e coisas que inspiram medo. Mas também há um bilhão de coisas positivas que você não vai encontrar nas notícias ou em outros meios de comunicação. Não são suficientemente lúgubres e não espalham medo e terror. Tente reduzir ao mínimo o fluxo de mensagens negativas.

6. Banir pessoas negativas do seu ambiente pessoal!

Sua atitude pessoal, seu modo de pensar e comportamento estão intimamente ligados às pessoas em seu ambiente imediato. Aqueles que só se rodeiam de pessoas negativas adotarão rapidamente o mesmo modo de pensar e de agir.

É assim que funciona ao contrário. Formas positivas de pensar e se comportar das pessoas em seu ambiente imediato automaticamente não os contaminam , assim você ganha uma atitude mais positiva. Psicologia positiva e pessoas em seu ambiente que são consideradas como crianças felizes são úteis para isso.

7. Vire as costas ao papel de vítima. Não vais caber aí!

As pessoas com uma forma positiva de pensar são responsáveis pelas suas próprias vidas e não as transferem para outros. É por isso que você deve finalmente tomar sua vida em suas próprias mãos, olhar adiante, deixar ir os pensamentos negativos e parar de pensar sobre o que aconteceu com você em sua vida.

Saia desse papel de vítima e perceba que só você tem uma grande influência em sua própria vida. Assuma a responsabilidade e não a entregue mais aos outros. Você é o timoneiro que define a rota e define o alvo.

Uma vez que você tenha entendido isso e tirado todas as conclusões necessárias, oportunidades e chances únicas se abrem para você, assim poderá aproveitar para levar uma vida mais contente, mais feliz.

8. A comparação com outras pessoas é proibida a partir de agora!

Comparar-se com os outros prejudica a autoconfiança e cria pensamentos negativos. A partir de agora já não lhe será perguntado porque é que o seu colega pode voltar a percorrer longas distâncias, o seu vizinho conduz um carro maior e melhor e o seu consultor fiscal pode pagar um iate caro. Porque esta comparação não só tem um sabor desagradável, mas também gera pensamentos negativos. Pára de olhar para cima, mas olha para baixo. Existem pessoas que estão muito pior do que você. Quando finalmente começarem a estar satisfeitos com o que alcançaram até agora, a sua atitude básica muda automaticamente e os pensamentos positivos vêm à existência.

9. O pensamento positivo é a chave para o sucesso!

Já alcançaram tantas coisas na sua vida que podem já não ter seu ecrã. Você completou com sucesso o seu mestrado em uma universidade de elite e, em seguida, conseguiu o seu emprego dos sonhos, passou no seu primeiro teste de habilitaçao em uma idade jovem, criou crianças e talvez até mesmo construiu sua própria casa. Há grandes e pequenos sucessos que você alcançou na vida.

Também houve situações difíceis que você adquiriu. Por que não escrevê-los e adicionar mais sucessos à lista uma outra vez, mesmo que pareçam tão pequenos. Estes incluem, por exemplo, a torneira reparada na cozinha, o peso mais elevado que levantou hoje na academia durante o treino ou o quilo que já não é exibido nas balanças esta manhã. Essa lista tem um efeito muito melhor do que uma lista de coisas que você quer fazer.

10. Nunca perca de vista as suas necessidades e limites!

Às vezes o pensamento positivo é influenciado por outras pessoas, porque elas não consideram suas necessidades e simplesmente atravessam fronteiras. Para sua felicidade e sua atitude positiva em relação à vida, você deve comunicar seus limites e necessidades de forma clara e repetida. Assim é como você cumpre seu dever de cuidar de si mesmo e de fazer algo bom sempre.

11. Depois de se levantar se concentre em pensamentos positivos!

Se começares o dia com pensamentos positivos, é muito mais fácil. Porque não há nada que te desvie do caminho tão rapidamente e te dê pensamentos negativos. Lembre-se das situações e fotos da manhã em que você se sentiu realmente confortável, feliz e satisfeito. Gerar os sentimentos desse tempo novamente e viver dos momentos positivos.

12. Usar literatura que faça da psicologia positiva e da felicidade um tópico!

Há muitos outros pontos que lidam com o pensamento positivo e o ajudam a se livrar dos padrões negativos de pensamento e comportamento. Portanto, vale a pena lidar com diferentes métodos e técnicas, como a programação neurolinguística.

Há uma série de livros interessantes que tratam exclusivamente do tema "positivo". Eles são ajudantes úteis e lhe dão alimento para o pensamento, a fim de finalmente olhar em frente positivamente e deixar de lado os pensamentos negativos.

Basicamente, todos podem ser felizes e contentes consigo mesmos e com a sua própria vida, se a vontade estiver lá. Como você pode ver, já pode trazer mais positividade para sua própria vida com meios muito simples, usando a alavanca certa no lugar certo para preparar o caminho para uma maneira mais positiva de pensar e agir.

O pensamento positivo, mesmo nas piores situações, faz com que você tenha sucesso, fortalece a autoconfiança e protege você de que pequenas coisas se tornem um monstro malicioso que o come por dentro.

Se você pensa que teve a forma negativa de pensar colocada em seu berço e que esta é uma das qualidades que você não pode mudar, você está errado. Já ouviu isso antes. É o seu crítico interior que ainda pode estar no seu caminho para realmente parar o pensamento negativo. Tenha sempre em mente que em qualquer idade você pode obter uma visão positiva de coisas diferentes se você quiser! Você pode fazer isso examinando regularmente seus pensamentos negativos mais de perto e vendo o que está por trás deles.

Os cenários de horror que ocorrem em sua cabeça também têm algo positivo em sua bagagem. Não devias fechar os olhos a isso. Olhando regularmente para o lado positivo, o automatismo é criado, o que resulta numa nova programação da forma de pensar. Para ser bem sucedido, você deve fazer o seguinte:

Desligue as armadilhas que chocam - Se você só vira em círculos e constantemente se bloqueia por pensamentos negativos, isso não vai te levar mais longe. Porque estes puzzles e preocupações impedem-te de pensar positivamente. Uma boa saída para estas reflexões é a meditação. Concentrar-se na sua própria respiração e abandonar os pensamentos dá-lhe a oportunidade de controlar o seu grupo com atenção.

Reduza pensamentos perturbadores e negativos - Há suposições e crenças básicas que o impedem de ganhar uma visão positiva da vida e de sua personalidade porque coisas ruins acontecem com você repetidamente. Há certas frases que impedem que você finalmente desenvolva uma forma positiva de pensar e deixar de lado os pensamentos negativos.

Se você encontrou tal frase ou pensamento, você deve excluí-lo do seu uso da língua e do mundo dos pensamentos. Mas há também aqueles que se camuflam muito bem e não são reconhecíveis, mesmo à segunda ou terceira vista.

Para localizá-los, você pode consultar um terapeuta ou treinador para localizar os pensamentos perturbadores e bani-los de sua mente. Interessante é a programação neurolinguística, porque este método é eficaz em muitas áreas e ajuda-o a tornar-se mais bem sucedido, mais relaxado e mais feliz.

Fortalecimento da Consciência - Esteja sempre ciente dos efeitos dos pensamentos negativos no corpo, mente, alma e use a alavanca exatamente neste ponto para fortalecer sua autoconfiança e alinhar sua maneira de pensar com coisas positivas.

O Mindfulness e os exercícios do yoga, por exemplo, são úteis porque melhoram a consciência do corpo. Você usa todos os seus sentidos, que ao longo do tempo trabalham com enorme precisão. Isto resulta numa sensibilidade especial.

Esta qualidade adquirida é uma boa ajuda para estabelecer uma atitude positiva a longo prazo.

Você pode conseguir este efeito praticando regularmente exercícios de yoga ou do mindfulness.

Livre-se dos pensamentos negativos e obtenha satisfação a longo prazo, sucesso e uma vida plena

Existem diferentes maneiras e possibilidades de superar medos, eliminar e substituir pensamentos negativos por pensamentos positivos e encontrar felicidade e paz interior da mente. A questão de saber se o copo está meio cheio ou meio vazio também já não se coloca. Pois você finalmente juntou toda a sua coragem para enfrentar os maus espíritos e começou a trabalhar na sua forma negativa de pensar e comportar-se.

A vontade é despertada para finalmente se tornarem mais satisfeitos, para serem mais bem sucedidos e para começarem uma vida plena. Em todas as áreas da vida, a reprogramação dos seus pensamentos só lhe oferece vantagens. Você vai descobrir habilidades ocultas que você não viu antes porque elas estavam escondidos no fundo.

De repente, oportunidades de desenvolvimento e novos caminhos se abrem. E podes aprender muito através da tua nova e mais positiva forma de pensar.

Eles ganham mais autoconfiança e fortalecem sua crença em si mesmos e automaticamente leva a mais satisfação, o que dá à sua vida e a si mesmo positividade e um pouco de otimismo.

Em busca dos segredos do sucesso e da prosperidade, você vai aprender rapidamente que não há portas escondidas e grandes segredos. A chave para o sucesso, prosperidade e felicidade são métodos, técnicas e estratégias que qualquer um pode usar para se livrar de pensamentos negativos. Eles trabalham para todos quando a base realmente quer trazer mudanças.

Cada humano tem o seu próprio tabuleiro no qual só ele move as pedras e as coloca na ordem certa. Se houver vontade de querer mudar alguma coisa, também é possível colocar as pedras na ordem certa e assim abrir caminho para uma maneira positiva de pensar, uma vida bem sucedida e mais felicidade.

Basicamente, todos os seres humanos lutam pelo sucesso e pelo crescimento. Apenas os pré-requisitos e conceitos básicos são concebidos individualmente e são baseados em diferentes mentalidades.

Uma mentalidade negativa pode ser transformada numa mentalidade positiva pela programação neurolinguística. Isto significa que uma pessoa ganha uma atitude positiva para consigo mesma, para com os outros e para com a vida, assim, sendo também manifestada nos seus pensamentos. Isto abre caminho para uma vida positiva, bem sucedida e feliz.

Max Krone
Volume 3: Psicologia para principiantes

Volume 1: Psicologia Positiva
Volume 2: Manipulação e Linguagem Corporal

e outros livros de **Max Krone** estão agora disponíveis na Amazon.
Basta introduzir **Max Krone na** barra de pesquisa da Amazon.

***** *Olá querido leitor Se você gostou do livro, apoie o autor, deixando seu comentário ou crítica.*

Direitos de autor

Isenção de Responsabilidade e Impressão

O conteúdo deste livro foi preparado e verificado com muito cuidado. Para a exatidão, completude e atualidade do escrito, no entanto, nenhuma garantia pode ser garantida. Bem como não para o sucesso ou fracasso na aplicação da leitura.
O conteúdo do livro reflete a opinião pessoal e a experiência do autor. O conteúdo deve ser interpretado de tal forma que sirva para fins de entretenimento. Ele não deve ser confundido com ajuda médica. A responsabilidade legal ou responsabilidade pela execução contraproducente ou interpretação incorreta do texto e conteúdo não é assumida.

Impressão

Autor: Max Krone

representada por:

MAK DIRECT LLC
2880W OAKLAND PARK BLVD, SUITE 225C
PARQUE DE CARVALHOS, FL 33311
FLORIDA

markus.kkober@gmail.com